Jung Geblieben

Lehrbuch für A2-Jugendliche Prüfungen

JUNG GEBLIEBEN

Lehrbuch für A2-Jugendliche Prüfungen

Saurjyadip Mukherjea

EXCELLER BOOKS®
A GLOBAL PRESS

Jung Geblieben

Lehrbuch für A2-Jugendliche Prüfungen

Cover design by Saurjyadip Mukherjea

ISBN: 978-93-47397-79-0

First published in India in 2026 by Exceller Books,
An imprint of GE Group
Address: G1, Dream Apartment, Degree College Road, Belgharia,
Kolkata, 700056, India
www.excellerbooks.com

EXCELLER BOOKS®
A GLOBAL PRESS

Inhaltsverzeichnis

Ein Magischer Planet

Lektion 1

Wortschatz

Wort	Bedeutung (Englisch)
aufgehen	to rise (in this context)
aussteigen	to get off
bauen	to build
bewegen	to move
(die) Flüssigkeit	(the) liquid
(die) Kraft	(the) power
leer	empty
leuchten	to shine
(der) Nebel	(the) fog
(das) Paradies	(the) Paradise
sanft	gentle
schlagen	to beat (in this context)
(der) Schritt	(the) step

Wortschatz

(der) Stoff	(the) material
trocken	dry
überrascht	surprised
(die) Wüste	(the) desert
zerbrechen	to break

EIN MAGISCHER PLANET

Mein Herz schlug schnell. Es war wie ein Countdown. Wir sind am Mars angekommen. Die Reise war ein großer Traum für Ved und mich. Wir haben das schon lange gewollt. Ich war aufgeregt.

Die Reise war ein großer Traum für Ved und mich. Wir haben das schon lange gewollt. Ich war aufgeregt.

Die Landung war sanft. Die Türen sind aufgegangen. Wir sind ausgestiegen. Wir haben den ersten Schritt auf dem Mars gemacht. Ich war glücklich! Wir waren die ersten Menschen hier!

Wir haben unsere Sachen aufgebaut. Alle denken, der Mars ist nur ein trockener Planet. Aber der Mars war schön! Als ich den Mars gesehen habe, habe ich Lust gehabt, alle Planeten zu sehen.

Ved hat Steine gesammelt und gearbeitet. Ich bin ins Zimmer gegangen, um mein Buch zu schreiben. Ich habe geschrieben, dann hat Ved mich gerufen. Ich bin zu ihm gegangen. Er hat überrascht ausgesehen. "Was ist passiert?" fragte ich.

Er hat Stoffe aus den Steinen gemacht. Eine kleine Flasche ist hingefallen und ist kaputtgegangen. Er sagte: "Ich kann Dinge mit dem Kopf bewegen!" Eine Flasche kam langsam in seiner Hand.

Ich bin zurückgegangen und habe auch eine Flasche zerbrochen. Die Flüssigkeit ist auf mich gefallen. Ich schwebte! Ved und ich haben Spaß gehabt wie Kinder.
Die Stoffe haben uns Kraft gegeben. Wir wollten mehr Steine suchen.
Wir sind auf den Mars gegangen. Ved hat einen Stein gesehen. Er leuchtete. Ich sagte: "Sollen wir ihn kaputtmachen?" Ved nickte. Ich habe ihn kaputtgemacht.
Ein gelber Nebel ist gekommen. Uns war schwindelig. Ich habe die Augen zugemacht. Als ich sie öffnete, war alles anders. Ich habe ein Paradies gesehen. Das war der Mars früher. Es hat Pflanzen und Tiere gegeben. Das Leben war schön.
Aber die Vision hat auch das Ende gezeigt. Der Mars verlor seine Kraft. Das Leben starb. Er ist eine leere Wüste geworden. Ich war traurig.
Wir haben Fossilien gesucht. Wir haben nur kleine Tiere gefunden. "Der Mars ist toll. Schade, dass wir nicht alles sehen konnten", sagte ich.
Ved sagte: Ein Meteoritenschauer kommt. Wir müssen schnell fliegen. Als wir flogen, sagte ich, es ist schade, dass die Tiere tot sind. Ved sah mich an. Er sagte: "Vielleicht kann der magische Stoff die Tiere wieder leben lassen. Lasst es uns testen – die Magie des Mars."

A **Du bekommst hier einige Fragen zur Geschichte. Dazu sollst du fünf Fragen lösen**

1.) Was haben die Figuren zuerst auf dem Mars gemacht?
Antwort:...
....

2.) Was hat der Sprecher danach gemacht? Warum ging er zu Ved?
Antwort:...
....

3.) Was war Veds neue Kraft?
Antwort:...
....

4.) Was war der Sprechers neue Kraft?
Antwort:...
....

5.) Wie kam das Leben auf dem Mars zu Ende?
Antwort:...
....

B **Du bekommst jetzt einige schwierigere Verben. Dazu sollst du fünf Sätze machen.**

1.) leuchten - ....
2.) aufgehen - ....
3.) bewegen - ....

4.) zerbrechen - ....
5.) bauen - ....

C **Du bekommst jetzt einige schwierigere Nomen. Dazu sollst du fünf Sätze machen.**

1.) Kraft - ....
2.) Nebel - ....
3.) Stoff - ....
4.) Wüste - ....
5.) Schritt - ....

D **Es gibt einige Verben. Dazu sollst du das richtige Verb für die folgende Aufgabe auswählen.**

arbeiten • aufgehen • bauen • bewegen • fliegen
sammeln • schlagen • schreiben

Ich (1) _______ an einem Science-Fiction-Roman jeden Tag. Die Inspiration dazu war ein Film, der mich seer (2) ___________. Noch bevor die Sonne (3) ______ beginne ich neue Ideen zu (4) ______ und zu nutzen. Im Buch (5) ______ der Protagonist eine Rackete und (6) ______ zum Mond. Wenn Sie das lesen, (7) _______ Ihr Herz schnell. In Zukunft werde ich mehr Geschichten (8)______.

E **Du bekommst fünf Sätze. Dazu musst du die Sätze ändern.**

1.) Wir haben den ersten Schritt auf dem Mars gemacht. *(Präterium)*
Antwort:..

2.) Die Stoffe haben uns Kraft gegeben. *(Passiv)*
Antwort:..

3.) Ich kann Dinge mit dem Kopf bewegen! *(Perfekt)*
Antwort:..

4.) Wir haben mehr Steine suchen wollen. *(als Frage)*
Antwort:..

5.) Eine Flasche kam langsam zu seiner Hand. *(Präsens)*
Antwort:..

Lesen

A **Du liest jetzt eine E-Mail. Dazu must du für die Aufgaben 1 bis 5 die Richtige Lösung "Richtig" oder "Falsch" wählen.**

Von:
An:
Betreff:

Senden

Lieber Max,
wie geht es dir? Ich hoffe, es geht dir gut.

Ich habe gehört, dass du eine tolle Zeit in Frankreich hattest. Stimmt es, dass es starke Gewitter gab und deswegen dein Ausflug ausgefallen ist? Ich hoffe, dein Ausflug war sehr interessant. Hast du in Frankreich etwas Besonderes gesehen oder Käse und Baguette gegessen? Schreib mir bitte darüber.

Du weißt, dass ich seit der Grundschule Science-Fiction-Romane lese. Eigentlich finde ich, dass sie die interessantesten Bücher sind. Aliens, Zeitreisen und Supermächte gefallen mir sehr. Heute möchte ich über mein Lieblingsbuch erzählen.
Vor langer Zeit, vielleicht vor fünf oder sechs Jahren, habe ich dieses Buch gelesen. Es hieß "Der Aufstieg der Aliens". Es war eine Geschichte über Aliens, die in München landen und die Erde kolonisieren. Wie konnten die Menschen leben?

Du weißt vielleicht, dass ein Film gedreht wurde, der auf diesem Buch basiert. Der Film war wirklich gut gemacht! Ich habe mich gefreut, als ich die tollen Szenen und Spezialeffekte . Die Handlung hat sich aber sehr geändert, z. B. landen die Aliens in Amerika. Na ja, es war interessant, eine alte Geschichte neu zu sehen.

Aber zurück zu deiner Reise. Wo genau in Frankreich warst du? Du wolltest nach Paris fliegen, aber nachdem, was du gesagt hast, konntest du es dir nicht leisten. Warst du vielleicht in Lyon oder Bordeaux? Schreib mir bald und erzähl mir mehr über Frankreich.

Viele Grüße,
Tina

1. Es gab eine Verspätung bei Maxs Reise, weil es schlechtes Wetter gab.	RICHTIG	FALSCH
2. Tina liest Science-Fiction Romane seitdem sie eine Jugendliche ist.	RICHTIG	FALSCH
3. Die Aliens im Film landeten im München	RICHTIG	FALSCH
4. Tina hat sich gefreut, die Authentizität der Handlung zu sehen	RICHTIG	FALSCH
5. Max war vielleicht in Lyon und Paris.	RICHTIG	FALSCH

B **Du liest jetzt sechs Anzeige. Dazu must du wählen, welche Anzeige zu Welcher Person passt. Für eine Aufgabe gibt es keine Lösung. Dazu sollst du markieren '0'.**

1. Karl will einen einzigartigen und spannenden Science-Fiction-Roman kaufen. ________

2. Lisa möchte in der Schule Fremdsprachen lernen. Dafür will sie kurze Geschichten hören. ________

3. Tom möchte eine Biografie von einem Science-Fiction-Autor lesen, die nicht teuer ist. ________

4. Markus sucht ein berühmtes Science-Fiction-Buch, in dem es um Aliens geht. ________

5. Akari liest gern, hat aber weniger Zeit zum Lesen. Deshalb möchte sie ein kurzes Hörbuch kaufen. ________

6. Mona möchte Science-Fiction-Autorin werden und sucht deshalb einen Ratgeber. ________

a **LERN MIT SPAß**

Was ist der einfachste Weg, ein Schulfach zu verbessern? Natürlich ist es das Lesen von Geschichten! Jetzt kannst du nicht nur über Wissenschaft lernen, sondern auch Französisch, und zwar durch kleine Science-Fiction-Geschichten. Das Hörbuch kostet nur 19.00 €.

b **FÜR ZUKÜNFTIGE AUTO**

Möchtest du gern wie H.G. Wells oder Jules Verne sein? Frank Scheller hat einen Ratgeber für dich. Dort gibt es tolle Tipps, mit denen du dein Schreiben sofort verbessern kannst. Worauf wartest du noch?

c

"PROFESSOR PROTON"

Das neue Buch von Frau Schmidt, das eine sehr aufregende Handlung hat. Hier liest du über sonderbare Figuren und erlebst einen überraschenden Höhepunkt in einem neuen und besonderen Stil. Die Kosten betragen nur 18,50 Euro.

d

"DER KRIEG DER WELTEN

Liest du gern Science-Fiction-Romane? Magst du Geschichten über Leben auf anderen Planeten? Dann ist dieses Buch genau richtig für dich! Es ist die sehr bekannte Geschichte von H.G. Wells. Wichtig: Du bekommst das Buch jetzt 50 Prozent billiger!

e

WENIG ZEIT ZUM LESEN?

Dann solltest du unser beliebtes Buch kaufen! Es ist nur 40 Seiten lang, aber es hat eine sehr interessante Science-Fiction-Geschichte. Die Leser sagen, dass unser Buch sehr spannend ist.

f

EINE LEGENDE

Möchtest du mehr über Hugo Gernsback wissen? Interessierst du dich für die Geschichte der Science-Fiction? Dann kauf unsere Biografie über diesen berühmten Autor! Das Buch ist sehr günstig und kostet nur 8 Euro.

Schreiben

A **Dein Verleger, Herr Müller, hat dir geschrieben und teilt dir mit, dass er deinen neuen Science-Fiction-Roman annehmen wird.**

Schreibe Herrn Müller eine kurze E-Mail.

Geh auf die folgenden Punkte ein:

- Bedanke dich für die Annahme.
- Frag nach Verbesserungsvorschlägen.
- Schlage kurz eine Idee für eine neue Geschichte vor.

Schreibe 30–40 Wörter.

Antwort:

Ein Verfluchter Strand

Lektion 2

Wortschatz

Wort	Bedeutung (Englisch)
aufwachen	to wake up
(der) Ausgang	(the) exit
(das) Dorf	(the) village
(der) Eingang	(the) Entrance
erleben	to experience
erleichtert	relieve
erzählen	to tell (a story)
(das) Geräusch	(the) noise
(das) Gewehr	(the) rifle (in this context)
grinsen	to grin
(die) Höhle	(the) cave
(die) Hungersnot	(the) famine

Wortschatz

(das) Kichern	(the) giggle
leer	empty
lügen	to lie
(der) Schädel	(the) skull
schreien	to scream
(die) Seele	(the) Soul
unheimlich	eerie
unsichtbar	invisible
weinen	to cry
wütend	angry
zittern	to tremble

EIN VERFLUCHTER STRAND

Wir haben am Lagerfeuer gesessen. Es war sehr kalt, und wir wollten warm sein. Wir waren satt, aber nicht müde. Deshalb wollten wir ein Spiel spielen. Rakesh hatte eine Idee: "Jeder sagt einen Satz. Wir machen eine Geschichte." Rakesh startete: "Ein Junge..." Jemand sagte: "...war im Urlaub..." Ein Dritter hat gesagt: "...ein Monster ist zu Besuch gekommen..." Akash rief: "Das habe ich erlebt!"

Akash war der Jüngste. Er lachte oft, aber er log auch oft. Es war schwer, ihm zu glauben. Aber er wollte jetzt eine Geschichte erzählen.

Akash sagte: "Das war vor ein paar Jahren. Es waren Sommerferien. Meine Freunde und ich wollten ans Meer fahren. Wir sind mit dem Zug gefahren, haben Karten gespielt und haben danach geschlafen. Als wir aufwachten, sind wir aus dem Zug gestiegen."

Der Ort war kalt. Die Leute waren böse und sahen uns wütend an. Die Stadt war anders. Die Menschen waren sehr langsam und ihre Gesichter waren grau. Dort war es sehr nebelig.

Wir sind zum Strand gegangen. Er war leer. Wir sind langsam ins Wasser gegangen, aber es war zu kalt, und so zitterten wir. Plötzlich hat uns eine unsichtbare Kraft gezogen. Wir konnten nicht weg.

Ich fühlte etwas Rundes an meinen Füßen. Ich sah nach unten. Das Wasser war nicht klar, es war weiß. Ich sah Löcher und Zähne. Ich schrie! Es war ein Schädel! Er schwamm hoch und grinste schrecklich. Viele Schädel kamen aus dem Wasser!

Wir bekamen Angst, aber die Angst machte uns schnell. Wir sind zurück zum Strand gerannt. Dort war eine Höhle. Ein Freund sagte: "Wir gehen rein!" Wir rannten in die Höhle. Es war sehr dunkel. Plötzlich ist ein großer Stein gefallen und hat den Eingang blockiert. Wir mussten tiefer in die Höhle gehen. Das war unheimlich.

Wir sind weiter gegangen und haben ein Geräusch gehört: eine leise Stimme. Wir gingen näher und hörten jemanden weinen. Es war ein Mädchen. Als wir fast da waren, war die Stimme weg. Wir haben niemanden gesehen.

Dann hörten wir Kichern – wie ein kleiner Junge. Eine andere Stimme klang glücklich, vielleicht seine Mutter. Wir verstanden die Sprache nicht. Dann schrie der Junge. Er weinte und rief seine Mutter. Auch diese Stimmen waren weg.

Plötzlich hörten wir Gewehre. Wir dachten, das war nur Einbildung. Aber dann flog eine Kugel sehr schnell an meinem Hals vorbei. "Feuer!", rief ein Engländer. Viele Kugeln kamen. Wir hörten Schreie von Frauen, Männern, Kindern.

Wir haben uns hinter einem Stein versteckt und gewartet. Unsere Herzen schlugen schnell. Die Schüsse hörten auf. Wir waren wieder allein. Wir gingen vorsichtig weiter. Wir sahen ein Licht – die Sonne! Wir sind zum Ausgang gerannt. Wir waren erleichtert.

Wir sind wieder im Zug gewesen und haben gemerkt: Wir waren am falschen Bahnhof ausgestiegen. Ich habe im Internet nach dem Ort gesucht. Ich sagte: "Vor über 100 Jahren war das Dorf ein Zentrum für Handel. Dann kamen die Engländer und machten Plantagen. Die Leute mussten arbeiten."

"In einem Jahr gab es eine Hungersnot. Sie konnten nicht arbeiten. Der Kommandant war wütend und sagte: 'Tötet alle im Dorf!' Nur wenige Leute konnten überleben. Heute ist die Stadt voller Geister. Die Seelen der Opfer sind noch da."

Als Akash fertig war, lachten wir nicht. Wir waren ernst und dachten nach. Akash hat vielleicht gelogen, aber die Geschichte über das Dorf war leider Realität in der Kolonialzeit.

Grammatik

A Du bekommst hier einige Fragen zur Geschichte. Dazu sollst du fünf Fragen lösen.

1.) Wann hat Akash seine Erzählung begonnen?

Antwort:..

....

2.) Was haben Akash und seine Freunde im Zug gemacht?

Antwort:..

....

3.) Wie waren die Leute aus dem Dorf?

Antwort:..

....

4.) Wie fühlten sich Akash und seine Freunde zuerst am Strand?

Antwort:..

....

5.) Was haben Akash und seine Freunde in der Höhle gehört?

Antwort:..

....

B Du bekommst jetzt einige schwierigere Verben. Dazu sollst du fünf Sätze machen.

1.) aufwachen - ....

2.) erleben - ....

3.) erzählen - ....

4.) grinsen - ....

5.) lügen - ....

C **Du bekommst jetzt einige schwierigere Nomen. Dazu sollst du fünf Sätze machen.**

1.) Geräusch - ....

2.) Gewehr - ....

3.) Höhle - ....

4.) Hungersnot - ....

5.) Seele - ....

D **Es gibt einige Verben. Dazu sollst du das richtige Verb für die folgende Aufgabe aus.**

aufwachen • erleben • erzählen • grinsen • hören

lügen • lachen • schreien • weinen • zittern

Gestern Nacht bin ich plötzlich **(1)** ________. Im Nebenzimmer habe ich ein Geräusch **(2)** _______. Ich **(3)** ________ einen Moment des Schreckens. Mein Körper **(4)** _______. Dann habe ich eine helle Gestalt gesehen. Sie **(5)** _______ mich vom Fenster aus an. Ich wollte **(6)** ______ und **(7)** _______. Ich habe heute Morgen meiner Mitbewohnerin die Geschichte **(8)** ______. Sie **(9)** ________ und nur gefragt: "**(10)**______ mich an?"

E Du bekommst fünf Sätze. Dazu musst du die Sätze ändern.

1.) Deshalb haben wir ein Spiel spielen wollen. *(als Vorshlag)*
Antwort:...

2.) Er lachte oft, aber er log auch oft. *(Perfekt)*
Antwort:...

3.) Plötzlich zog uns eine unsichtbare Kraft. *(Passiv)*
Antwort:...

4.) Wir sind weiter gegangen und haben ein Geräusch gehört. *(Präterium)*
Antwort:...

5.) Er weinte und rief seine Mutter. *(Präsens)*
Antwort:...

A Du liest jetzt eine E-Mail. Dazu must du für die Aufgaben 1 bis 5 die Richtige Lösung 'a', 'b' oder 'c' wählen.

Von:
An:
Betreff:
Senden

Lieber Mohammed,

wie geht es dir? Ich schreibe dir wegen meiner Prüfungen. Meine Geschichtsprüfung ist sehr gut gelaufen. Ich dachte, ich bekomme eine 2 und war froh. Aber ich habe eine 1 bekommen! Das macht mich sehr glücklich. Ich habe gehört, dass deine Prüfung nicht so gut war- nicht einmal eine 3. Das tut mir leid. Ich hoffe, du bist nicht zu traurig.

Gestern Abend habe ich im Internet einen interessanten Artikel gefunden. Er war über Fehler aus der Geschichte und wie man sie heute heimlich zeigt. Der Autor schreibt, dass man diese Fehler sehr klug in der Öffentlichkeit präsentiert.

Der Artikel erklärt, dass vor allem Literatur und Filme solche Fehler machen. Man sieht die alten Fehler oft nicht direkt. Sie sind versteckt. Zum Beispiel in einem Kinderbuch oder einem Science-Fiction-Film. Die schlimmen Dinge der Geschichte werden dadurch nicht vergessen. Aber sie sind für viele Menschen schwer zu verstehen. Es war wirklich interessant zu sehen, wie clever diese Medien das machen.

Ich dachte, dass dieser Gedanke gut für unseren Geschichtsunterricht ist. Ich hoffe, du hast Zeit, ihn zu lesen, obwohl du jetzt lernen musst. Denk daran: Es ist nur eine Note! Du bist intelligent und kannst das nächste Mal besser sein.

Nun aber zu dir: Ich wünsche dir ganz viel Erfolg für deine Wissenschaftsprüfung nächste Woche am Donnerstag. Du schaffst das! Viel Glück!

Viele Grüße,
Alice

1. Alice hat in ihrer Geschichtsprüfung
   - a weniger Noten als Mohammed bekommen.
   - b mehr Noten erhalten als erwartet.
   - c eine Zwei bekommen.

2. Wann hat Alice hat eine Webseite besucht?

   a kurz nach der Prüfung.
   b gestern Vormittag.
   c am Vorabend.

3. Literatur und Filme zeigen oft

   a berühmte historische Erfolge.
   b falsche „historische" Ereignisse.
   c historische Irrtümer.

4. Auf der Website steht, dass historische Fehler oft so gezeigt werden:

   a in Science-Fiction Romane.
   b in Büchern für Kinder.
   c in besondere Geschichtsbüche.

5. Mohammed hat seiner Wissenschaftsprüfung

   a in der Woche nach dieser E-Mail.
   b an diesem Donnerstag.
   c in der Woche nach der Geschichtsprüfung.

Lesen

B Du liest jetzt fünf Texte. Dazu musst du wählen, ob die Person für die Veränderung ist

Thema: Sollte Geschichte ein Wahlfach an der Schule sein?

1. Karl	RICHTIG	FALSCH
2. Lisa	RICHTIG	FALSCH
3. Sophia	RICHTIG	FALSCH
4. Markus	RICHTIG	FALSCH
5. Hans	RICHTIG	FALSCH

In unserer Schule ist es schon möglich, Naturwissenschaften als Wahlfach zu lernen. Man langweilt sich aber leicht bei Geschichte. Wir brauchen unsere Geschichte jedoch, um unsere Kultur zu verstehen.
Karl, 16, Stuttgart

Viele Ausländer wollen Deutschland gut kennenlernen und lernen dann unsere Geschichte. Also waum finden deutsche Schüler Geschichte nicht wichtig? Die Veränderung hat keinen Sinn.
Lisa, 14, Hamburg

Viele in unserer Schule interessieren sich sehr für Geschichte. Aber andere werden traurig, wenn sie schlechte Noten bekommen. Darum ist es eine gute Idee, Geschichte als Wahlfach zu unterrichten.
Sophia, 31, Köln

Es ist interessant, Geschichte zu lernen. Andererseits lernt man in der Universität meistens Naturwissenschaften oder etwas anderes. Deshalb muss nicht jeder in der Schule Geschichte lernen.
Markus, 14, Berlin

Manche Leute mögen Geschichte nicht. Aber dann verliert man die Verbindung zur Kultur. Und was ist mit den Geschichtslehrern? Es ist eine schlechte Idee.
Hans, 42, München

Viele in unserer Schule interessieren sich sehr für Geschichte. Aber andere werden traurig, wenn sie schlechte Noten bekommen. Darum ist es eine gute Idee, Geschichte als Wahlfach zu unterrichten.
Sophia, 31, Köln

Schreiben

A **Dein Freund Mohammed hat die Geschichtsprüfung verpasst. Schreib Mohammed einen Brief.**

Geh auf die folgenden Punkte ein:

- Frag ihn, warum er nicht da war.
- Informiere ihn, was die Themen für die Prüfung waren.
- Sag ihm, wie er die Wiederholungsprüfung machen kann.

Schreibe 40–50 Wörter.

Antwort:

Ein Blauer Schuh

Lektion 3

Wortschatz

Wort	Bedeutung (Englisch)
ausdenken	to think of
bestehen	to consist of
eröffnen	to inaugurate (in this context)
(das) Gesicht	(the) face
(die) Gewalt	(the) violence
(die) Habgier	(the) greed
(der) Hass	(the) hatred
hindurchspringen	to jump through
kämpfen	to fight
seltsam	odd
stehlen	to steal
tatsächlich	actually

Wortschatz

träumen	to dream
verrückt	crazy
weglaufen	to run away
wegwerfen	to throw away
zubereiten	to prepare (food)

EIN BLAUER SCHUH

Wenn ich nachts träume, fühle ich mich oft wie in einer anderen Welt. Manchmal ist das eine magische Welt, ein fantastisches Traumland. Man sagt: Träume zeigen uns, was wir fühlen und denken – Freude, Angst oder einfach ein komisches Gefühl.

Ich habe einen sehr seltsamen, aber schönen Traum gehabt. Zwei Tage vorher hat mich mein Onkel besucht. Er war Maler und machte sehr gute, spezielle Bilder. Er hatte gute Nachrichten: Er will bald eine Kunstgalerie mit seinen Bildern eröffnen. Seine Kunst soll zeigen, wie die Menschen und unsere Gesellschaft sind.

Ich habe an seine Bilder gedacht und bin dann eingeschlafen. Im Traum bin ich in ein großes Haus gekommen. Es war das Haus von meinem Onkel. Er wollte dort die Galerie machen, aber das Haus war ganz leer.

Ich bin in den Raum für die Galerie gegangen und habe viele Bilder gesehen. Das erste Bild kannte ich schon: Es zeigte große Bäume. Oben hatten die Bäume keine Blätter, sondern große Köpfe. Die Gesichter hatten Angst. Auch Monster waren in der Nähe und wollten die Bäume fällen. Mein Onkel hat gesagt, das Bild soll zeigen, wie wichtig Bäume sind. Plötzlich habe ich einen Schrei gehört. Im nächsten Moment war ich selbst im Bild – das war sehr seltsam.

Ich habe gesehen, wie die Monster fröhlich die Bäume gefällt haben. Sie haben mich gesehen und sind schnell zu mir gekommen.

Ich habe große Angst bekommen und bin weggerannt. Dabei habe ich meine blauen Lieblingsschuhe verloren, die ich zum Geburtstag bekommen hatte. Ich sah eine Tür, aber ein Monster stand davor. Ich fand schnell eine andere Tür und rannte dorthin.

Hinter dieser Tür war eine neue Welt. Die Menschen dort waren nicht normal. Sie bestanden aus Essen: Obst, Gemüse, Fleisch. Mein Onkel hat erklärt: “Wir sind, was wir essen”. Er wollte zeigen, dass Essen wichtig ist. Viele Leute werfen Essen weg und wissen nicht, wie wertvoll es ist. Er hat sich eine Stadt mit diesen “Essensmenschen” ausgedacht.

Ich habe einen Verkäufer gesehen und habe ihn gefragt: “Was essen die Essensmenschen?” Er hat gesagt: “Ihr Essen wird mit Menschen zubereitet!” Ich habe große Angst bekommen und bin schnell zum nächsten Bild gerannt.

Das dritte Bild zeigte Roboter. In dieser Welt kämpften die Roboter, sie stahlen und machten Gewalt. Mein Onkel hat gesagt: “Wenn Menschen Roboter nur für sich selbst bauen, werden die Roboter auch schlecht, wie die Menschen. Habgier und Hass machen alles kaputt.” Ich wollte nicht in dieser Welt bleiben. Ich habe die Tür zurück gesucht, habe sie gefunden und bin hindurchgesprungen. Dann bin ich aufgewacht.

Das war ein sehr verrückter Traum! Die Galerie von meinem Onkel wurde später sehr berühmt. Und das Seltsame: Auf dem Bild mit den Bäumen und Monstern lag tatsächlich ein blauer Schuh.

Grammatik

A **Du bekommst hier einige Fragen zur Geschichte. Dazu sollst du fünf Fragen lösen.**

1.) Was hat der Erzähler zu Beginn über Träume gesagt?
Antwort:..
....

2.) Welchen Job hat der Onkel? Was hat der Onkel bald vor?
Antwort:..
....

3.) Was hat der Erzähler auf dem ersten Bild gesehen?
Antwort:..
....

4.) Was war die Bedeutung vom zweiten und dritten Bild?
Antwort:..
....

5.) Was ist nach dem Aufwachen passiert?

Antwort:..
....

B **Du bekommst jetzt einige schwierigere Verben. Dazu sollst du fünf Sätze machen.**

1.) ausdenken - ....

2.) bestehen - ....

3.) kämpfen - ....

4.) träumen - ....

5.) wegwerfen - ....

C **Du bekommst jetzt einige schwierigere Nomen. Dazu sollst du fünf Sätze machen.**

1.) Gesicht - ....

2.) Gewalt - ....

3.) Galerie - ....

4.) Hass - ....

5.) Verkäufer - ....

D **Es gibt einige Verben. Dazu sollst du das richtige Verb für die folgende Aufgabe aus.**

bekommen • bestehen • einschlafen • sich fühlen • kämpfen

stehlen • traumen • verlieren • weglaufen • wegwerfen

Leo hat neue, tolle Schuhe **(1)** __________. Er musste dafür **(2)** ________, weil er einen schweren Test **(3)** ________ sollte. Als er die Schuhe anzog, **(4)** _________ er sich sehr stark und gut. In der Nacht **(5)** _______ er manchmal von den Schuhen. Einmal ist er sogar mit ihnen **(6)** ________. Letzte Woche wurde ihm ein Schuh **(7)** ______. Ein großer Junge ist damit schnell **(8)** _________. Zum Glück bekam Leo den Schuh schnell zurück. Er würde diese Schuhe nie **(9)** ______ oder **(10)** __________!

E Du bekommst fünf Sätze. Dazu musst du die Sätze ändern.

1.) Er will bald eine Kunstgalerie mit seinen Bildern eröffnen. *(als Frage)*
Antwort:..

2.) Ich bin in den Raum für die Galerie gegangen und habe viele Bilder gesehen. *(Präterium)*
Antwort:..

3.) Ich fand schnell eine andere Tür und rannte dorthin. *(Perfekt)*
Antwort:..

4.) Ihr Essen wird mit Menschen zubereitet! *(Aktiv)*
Antwort:..

5.) Ich habe große Angst bekommen und bin schnell zum nächsten Bild gerannt. *(Präsens)*
Antwort:..

Lesen

A **Du liest jetzt eine E-Mail. Dazu must du für die Aufgaben 1 bis 5 die Richtige Lösung "Richtig" oder "Falsch" wählen.**

Von:
An:
Betreff:

Senden

Lieber Lukas,

wie geht es dir? Ich hoffe, du bist gesund und alles ist gut bei dir. Ist dein neues Buch jetzt fertig? Ich warte schon darauf und bin sehr neugierig! Wie heißt es genau? Ich glaube, es war ein spannender Krimi mit vielen interessanten Charakteren. Ich möchte es sofort lesen!

Ich habe tolle Neuigkeiten für dich! Mein neues Bild wurde von der lokalen Kunstgalerie in Hamburg angenommen. Das ist wirklich aufregend! Es wird bald in einer großen Ausstellung gezeigt. Ich bin sehr stolz, dass meine Arbeit dort hängen darf.

Mein Bild heißt "Herbstlicht". Es ist mit Ölfarben gemalt. Es zeigt einen großen, sehr alten Baum in unserem Stadtpark. Es war ein sonniger Tag im Oktober, und die Blätter waren rot, gelb und leuchtend braun. Ich wollte die ruhige Stimmung des späten Nachmittags einfangen.

Wegen dieser kleinen Erfolge möchte ich jetzt noch mehr machen. Ich plane, mich für einen professionellen Malkurs anzumelden, um neue Techniken zu lernen. Später im Jahr will ich vielleicht eine kleine Reise machen, um neue Orte zu malen und frische Inspiration zu finden.

Bitte erzähl mir, wann ich dein neues Buch kaufen kann! Das ist das Wichtigste. Und hast du schon eine Idee für das Projekt danach? Planst du schon dein nächstes Buch? Stimmte es, dass du jetzt einen Science-Fiction-Roman schreibt. Viel Glück dabei!

Viele Grüße,
Aiko

1. Lukas' Erzählstil war interessanter als seine Figuren. RICHTIG FALSCH
2. Hamburg ist Aikos Wohnort. RICHTIG FALSCH
3. Aikos Gemälde zeigt eine herbstliche Landschaft. RICHTIG FALSCH
4. Aiko möchte einen professionellen Malkurs unterrichten. RICHTIG FALSCH
5. Aiko ist sicher, dass Lukas' nächstes Projekt wieder ein spannender Krimi sein wird. RICHTIG FALSCH

B **Du liest jetzt fünf Absätze über ein Kunstmuseum. Dazu musst du wählen, welcher Titel zu welchem Absatz passt. Für zwei Titel gibt es keine Absätze. Dazu sollst du '0' markieren.**
Thema: Sollte Geschichte ein Wahlfach an der Schule sein?

DAS NATIONALE KUNSTMUSEUM, BERLIN

a. Verbotene Dinge
b. Regeln für das Fotografieren
c. Öffnungszeiten
d. Essen und Trinken
e. Saisonale Angebote
f. Beschreibung vom Museum
g. Kauf von Tickets

1. ______
Herzlich willkommen im Nationalen Kunstmuseum, Berlin! In Unser Museum gibt es zwei Etagen. In der ersten Etage siehst du alte, typisch europäische Kunst, zum Beispiel Werke aus der Renaissance. In der zweiten Etage gibt es neue Kunst und moderne Stile, wie surreale Bilder. Wir sind sicher: Du findest etwas, das dir gefällt!

2. ______
Du kannst am Dienstag, Mittwoch und Donnerstag von 9.00 bis 20.00 Uhr kommen. Am Montag, Freitag und Samstag sind die Zeiten länger: von 8.00 bis 21.00 Uhr. Das Museum ist am Sonntag immer geschlossen. Beachte auch: An Feiertagen wie Ostern und Weihnachten ist das Museum geschlossen.

3. ______
Du kannst Tickets direkt am Ticketschalter kaufen. Es ist aber besser, die Tickets über die Museums-App zu kaufen, denn dort sind sie billiger. Vergiss nicht, dass du die Tickets nicht zurückgeben kannst.

4. ______
Die Leute machen natürlich gerne Fotos. In vielen Räumen ist das Fotografieren aber verboten. Du kannst Fotos nur an einigen Orten machen. Dafür musst du zuerst eine Erlaubnis vom Museumspersonal bekommen.

5. ______
Es ist nicht erlaubt, im Museum Essen mitzubringen. Das ist schlecht für die Kunstwerke. Aber, wenn du etwas essen möchtest, kannst du in unser Café gehen. Dort gibt es leckeres Essen und Getränke.

Schreiben

A **Du musst eine Anzeige für dein Kunstgalerie machen.**
Geh auf die folgenden Punkte ein:

- Erkläre, was du ausstellst.
- Informiere, wann die Eröffnung stattfindet.
- Sag, ob es Sonderangebote gibt.

Schreibe 15–30 Wörter.

Antwort:

KUNSTGALERIE

Ein Schachtel Pralinen

Lektion 4

Wortschatz

Wort	Bedeutung (Englisch)
aufgeben	to give up
(die) Ausstellung	(the) exhibition
(das) Büro	(the) office
froh	happy
(das) Gesicht	(the) face
geschockt	shocked
klauen	to steal (colloquialism)
klingen	to ring (a bell)
(die) Münze	(the) coin
(die) Praline	(the) praline (type of chocolate)
(der) Schaffner	(the) conductor
(die) Schachtel	(the) box

Wortschatz

schnarchen	to snore
(der) Taucher	(the) driver
(die) Überraschung	(the) surprise
(das) Wunder	(the) wonder
(die) Zahl	tails on a coin.

EINE SCHACHTEL PRALINEN

Ich habe Rohan gefragt: "Ist alles in der Tasche? Hast du die Karte?" Rohan hat gesagt: "Ja, Rakesh, alles ist da. Die Karte und der Kuchen." Ich war sehr nervös. Meine Tante hatte ihren 50. Geburtstag. Es sollte alles perfekt sein. Ich war sicher, wir haben alles gehabt. Rohan und ich sind schnell zum Bahnhof gelaufen.

Meine Tante liebt "Charles' Chocolates". Die Pralinen sind sehr lecker, aber schwer zu finden. Wir haben eine Münze geworfen. Wer muss die Pralinen kaufen? Es war "Zahl", also musste Rohan gehen. Rohan hat eine Schachtel gefunden! Das war super! Im Zug habe ich an die Überraschung für Tante Deepika gedacht.

Eine alte Frau hat vor uns gesessen. Sie hat gefragt: "Wohin fahrt ihr?" Ich habe gesagt: "Zu unserer Tante nach Puri." Die Frau hat verstanden: "Du machst Tomatenpüree?" Sie war überrascht. Rohan hat es noch einmal gesagt. Die Frau hat gefragt: "Eine Ausstellung von Madame Curie?" Ich habe verstanden: Die Frau hört sehr schlecht. Ich habe nichts mehr gefragt.

Ich habe noch einmal in meine Tasche gesehen. Kuchen, Karte, Geschenke – alles war da. Aber Moment! Die Pralinen waren weg! Schock! Ich habe Rohan gefragt: "Hast du die Pralinen? Sag es mir!"

Rohan hat gesagt: "Nein. Ich musste sie nicht kaufen. Die Münze war 'Kopf'." Ich habe gesagt: "Nein! Es war 'Zahl'!" Er hat gesagt: "Ich bin sicher, es war 'Kopf'."

Wir hatten keine Zeit. Ich habe die alten Frau gesehen. Ich habe die Pralinen-Schachtel in ihrer Tasche gesehen! Rohan hat es auch gesehen. Er hat gesagt "Schau! Die Pralinen von Charles'!" Wir waren sehr glücklich. Ich habe die Frau gefragt: "Können Sie mir die Schachtel für fünf Euro geben?" Sie hat nicht verstanden: "Es hat einen Taucher im Büro gegeben?" Ich habe noch einmal gefragt: "Kann ich die Schokolade mit Geld kaufen?" Die Frau hat mich böse angesehen. Sie hat gesagt: "Du willst mein Geld klauen?". Ich habe aufgegeben. Dann habe ich verstanden, was wir machen mussten. Wir mussten die Schachtel stehlen, um den Geburtstag zu retten.

Wir haben gewartet, bis die Frau geschlafen hat. Sie schnarchte laut. Wir haben noch eine Münze geworfen. Es war "Zahl" (Rohan), aber Rohan hat gesagt : "Nein, es war 'Kopf'!" Ich war verwirrt. Ich bin selbst gegangen. Ich habe die Schachtel ganz leise genommen. Ich war glücklich! Ich habe die Schachtel langsam aufgemacht. Sie war... leer!

Wir waren geschockt. Wir brauchten ein Wunder. Eine Schaffnerin ist gekommen. Sie war sehr wütend. Ihr Gesicht war rot. Sie hat gefragt: "Habt ihr eine alte Frau gesehen? Sie ist eigentlich nicht taub. Sie hat meine Schachtel Pralinen gestohlen!" Ich habe auf die Frau gezeigt, die schnarchte. Die Schaffnerin hat sie geweckt und mitgenommen.

Die Schaffnerin ist schnell zurückgekommen. Sie hat gesagt: "Danke für eure Hilfe. Ich schenke dir eine neue Schachtel

Pralinen. Passt gut auf! "Wir waren froh! Aber der Zug hat schon angehalten.

Wir sind ausgestiegen. Wir sind mit dem Taxi zur Tante gefahren. Wir sind schnell die Treppe hoch gerannt. Wir haben geklingelt. Die Tante war sehr glücklich! Sie hat die Pralinen gesehen und gesagt: "Oh, mein Arzt hat mir gestern verboten, Schokolade zu essen."

Grammatik

A **Du bekommst hier einige Fragen zu dieser Geschichte. Dazu sollst du fünf Fragen lösen.**

1.) Was hat Rakesh am Anfang der Geschichte vorbereitet und warum?
Antwort:..
....

2.) Was ist das Besondere an "Charles' Chocolates"?
Antwort:..
....

3.) Haben Rakesh und Rohan die Pralinen am Ende gekauft? Gib Gründe für deine Antwort.
Antwort:..
....

4.) Was haben Rakesh und Rohan versucht, um die Schokolade zu bekommen?
Antwort:..
....

5.) Wie war Tante Deepikas Reaktion, als die Kinder angekommen hat?
Antwort:..
....

B **Du bekommst jetzt einige schwierigere Verben. Dazu sollst du fünf Sätze machen.**

1.) aufgeben - ....
2.) klauen - ....

3.) klingen - ....

4.) schnarchen - ....

5.) werfen - ....

C **Du bekommst jetzt einige schwierigere Nomen. Dazu sollst du fünf Sätze machen.**

1.) Ausstellung - ....

2.) Büro - ....

3.) Gesicht - ....

4.) Praline - ....

5.) Schaffner - ....

D **Es gibt einige Verben. Dazu sollst du das richtige Verb für die folgende Aufgabe aus.**

aufgeben • bekommen • machen • schmecken • schnarchen •

stehlen • träumen • verboten • vorbereiten • werfen

Max würde gern Schokolade **(1)**________, aber sie ist **(2)**_______, weshalb er seinen Wunsch schnell **(3)**__________ hat. Er **(4)**______, dass ihre einzige Tafel Schokolade **(5)**________ und in den Müll **(6)**_______ wurde. Während er **(7)**________, wurde ihm eine Überraschung **(8)**________. An seinem Geburtstag bekommt Max eine Tafel Schokolade und sie **(9)**_______ wunderbar. Schokolade **(10)**_____ ihn froh.

E Du bekommst fünf Sätze. Dazu musst du die Sätze ändern.

1.) Du willst mein Geld klauen? *(Perfekt)*
Antwort:..

2.) Du machst Tomatenpüree?. *(Perfekt)*
Antwort:..

3.) Rohan hat eine Schachtel gefunden! *(Passiv)*
Antwort:..

4.) Wir haben gewartet, bis die Frau geschlafen hat. *(Präterium)*
Antwort:..

5.) Es hat einen Taucher im Büro gegeben?. *(Präsens)*
Antwort:..

A Du liest jetzt eine E-Mail. Dazu musst du für die Aufgaben 1 bis 5 die Richtige Lösung 'a', 'b' oder 'c' wählen.

Von:
An:
Betreff:
Senden

Lieber William,

wie geht es dir? Ich habe gehört, dass du zu Hause bleibst und neue Dinge lernst. Das sind nämlich Yoga und Gitarre, oder? Das finde ich toll! Du hast Sport immer schon anstrengend gefunden, deshalb ist Yoga eine gute Alternative. Du interessierst dich auch sehr für Musik. Erzähl mir bald mehr davon!

Meine Schwester Padma und ich wollten verreisen. Zuerst dachten wir an Paris, weil wir unbedingt den Eiffelturm sehen wollten. Aber leider waren die Flüge viel zu teuer. Deshalb haben wir uns schnell für Prag entschieden. Das war eine sehr gute Alternative, und wir sind mit dem Zug gefahren.

Aber die Zugfahrt war sehr seltsam! Nach zwei Stunden hat der Zug einfach nicht funktioniert, und wir mussten warten. Padma und ich haben dann geredet, und wir haben Tic-Tac-Toe und Schach gespielt. Wir haben auch eine ältere Dame kennengelernt. Sie war sehr freundlich und hat uns von ihrer Vergangenheit erzählt. Sie war früher Schwimmerin! Sie war lange nicht in Deutschland und wollte jetzt unbedingt wieder einen deutschen Strand besuchen.

Endlich ist der Zug wieder gefahren. Wir haben Prag sehr geliebt, es ist wirklich eine schöne Stadt! Du solltest Prag auch bald besuchen.

Viele Grüße und bis bald,
Jagadish

1. William hat/ist
   - a Yoga gelernt, weil er sportlich ist.
   - b Gitarre gespielt, aber nicht freiwillig.
   - c einfach zu Hause geblieben.

2. Jagadish und Padma haben/sind
   - a zum Ziel gefahren, das sie erstens geplant hatten.
   - b Prag nicht so gut als Paris gefunden.
   - c nach Paris nicht geflogen, weil die Flugtickets zu teuer waren.

3. Der Zug
   - a hat nach eine Stunde nicht funktioniert.
   - b wurde dem Flugzeug von Jagdish und Padma vorgezogen.
   - c ist endlich zurückgefahren.

4. Die Kinder haben
   - a Spiele gespielt, aber nicht miteinander gesprochen.
   - b einen ehemaligen Schwimmer kennengelernt.
   - c auf ihren Handys mehr über Prag recherchiert..

5. Die ältere Damen
   - a wollte im deutschen Strand gehen.
   - b wäre gern überall schwimmen gegangen.
   - c wird noch einmal eine Schwimerin sein.

B **Du liest jetzt einen Brief über Probleme mit einer Idee. Dazu musst du wählen, welche Option – "a", "b", oder "c" – eine mögliche Lösung ist.**

Liebe Elsa,

[1] Deine Idee für einen neuen Schokoladenladen ist wirklich toll, aber es gibt einige Probleme. Zum Beispiel musst du besser werben, um mehr Kunden zu bekommen.

[2] Ich möchte sagen, dass der Preis zu hoch ist. Es ist ziemlich teuer, zwanzig Euro pro 100 g zu bezahlen. So wird auch bei saisonalen Rabatten niemand deine Schokolade kaufen.

[3] Deine Schokolade ist sehr lecker aber es gibt zu wenige Schokoladensorten. Du musst mehr Aromen anbieten.

[4] Außerdem sollst du etwas anbieten, das ganz besonders ist. Zum Beispiel kannst du gesündere Schokolade machen. Vergiss nicht: Die Leute mögen immer verschiedene Sachen.

[5] Wenn du mehr Kunden willst, sollst du in mehr Städten Läden eröffnen. Nur ein Geschäft ist nicht genug. Sonst bekommst du weniger Geld.

Viel Glück mit deiner Initiative,
Tina

Lesen

1. a Mach einen persönlichen Blog.
   b Schreib über den Laden auf Social Media.
   c Gib Flyer von deinen Investoren.

2. a Biete saisonale Angebote an.
   b Verkauf Schokolade für zwanzig Euro pro Kilo.
   c Mach den Text auf dem Preis kleiner.

3. a Benutz luxuriöse Zutaten.
   b Biete keine gewöhnlichen Schockoladensorten an.
   c Verkauf einzigartige Schokoladensorten.

4. a Benutz Zutaten von ethischer Herkunft.
   b Biete gesunde Schokolade an, auch wenn sie nicht lecker ist.
   c Mach einzigartige Werbung.

5. a Mach Geschäfte in anderen Ländern auf, auch wenn es zu teuer ist.
   b Verkauf deine Schokolade in Kaufhäusern in ganz Deutschland.
   c Gründe Geschäfte in ein paar anderen Städten.

A **Deine Schule führt ein neues Schokoladenverbot ein. Dazu sollst du deine Meinung dafür und dagegen äußern. Schreibe jeweils 15-30 Wörter**

Antwort:

DAFÜR

____

____

____

____

DAGEGEN

www.ingramcontent.com/pod-product-compliance
Lightning Source LLC
Chambersburg PA
CBHW080327170726
48282CB00028B/1017
9789347397790